絵でみる
沖縄の民俗芸能

漢那瑠美子

沖縄文化社

　私は沖縄生まれ、沖縄育ちのウチナーンチュです。沖縄は唄と踊りの島なので、琉球舞踊、琉球古典音楽、組踊、エイサーなどのことは多少なりとも知っているつもりでした。しかし、沖縄の各地に多彩な民俗芸能が継承されていることは、恥ずかしながらよく知りませんでした。

　ある年、耳慣れないチョーギン（狂言）ということばに誘われ、気がつくと「国立劇場おきなわ」で民俗芸能の舞台を観賞するまでになっていました。粗削りで華やか、素朴ながら味わい深く、それでいてなんとも奇抜、民俗芸能の魅力はひとことでは言い表すことができません。

　私は長年、イラストレーターを仕事にしており、いつか沖縄の民俗芸能をイラストで紹介したいと思うようになっていました。そこで、処女作の『沖縄学習まんが　組踊がわかる本』（監修／大城立裕）を出していただいた沖縄文化社に相談し、出版に向けて動き出すことにしました。

　しかし、一つひとつの絵を仕上げる中で、改めて民俗芸能の数の多さに驚き、すべてを紹介することは紙幅の関係で無理なのだとわかりました。心残りではありましたが、それでもできるだけたくさんの芸能を紹介するように努めました。

　私自身がそうであったように、わした島沖縄の民俗芸能の豊かさを知らずにいるウチナーンチュは多いのではないでしょうか。この本が、民俗芸能に親しむきっかけになってくれることを願っています。

2023年3月1日　漢那瑠美子

沖縄の伝統芸能について

　私たちの沖縄は、芸能の宝庫といわれ、歌と踊りが人々の暮らしの中に息づいている。琉球王国の時代、先人たちは中国や日本、東南アジアの影響を受けながら独自の芸能をつくりあげてきた。沖縄の伝統芸能は、首里城を中心におこなわれた宮廷芸能と各地域の祭りや年中行事で演じられる民俗芸能の二つに分けられる。

　宮廷芸能とは、中国からやってくる冊封使を歓待する歌や踊りのことで、御冠船踊と組踊でもてなした。今日では、御冠船踊は古典舞踊とよばれ、老人踊・若衆踊・女踊・二才踊・打組踊に分けられる。組踊は、1719年に初めて首里城の御庭で演じられた楽劇で、踊奉行の玉城朝薫よって創作された。一方、民俗芸能は、獅子舞・エイサー・ウシデーク・京太郎・棒踊・狂言・民謡など数多くの演目からなり、豊年祭など地域の祭りや年中行事で披露される。

　沖縄の芸能は農耕社会を背景にした祭りの場から生まれた。五穀豊穣に感謝し、翌年の豊穣を予祝するため、遠来の神に多彩な芸能を奉納するが、この祭祀芸能が沖縄の伝統芸能の源流や基盤になっているといわれる。よって来訪神に奉納する芸能は聖地である御嶽の境内などでおこなわれる。また豊年祭の演目は、その多くが首里の士族社会で育まれたもので、それが地域に受け入れられると、その地域独自の芸能として完成されていった。

　沖縄本島と周辺離島の豊年祭は、「長者の大主」で開幕し、古典舞踊・狂言・歌劇・組踊など多彩な芸能が披露される。獅子舞と棒踊は全域で演じられ、そのほかウシデーク・フェーヌシマ・打花鼓・路次楽・エイサーなどがある。宮古でも獅子舞と棒踊は広く分布し、特有の踊りには野外での集団円陣舞踊のクイチャーがある。八重山では、巻踊・獅子舞・棒踊・太鼓踊・盆アンガマ・弥勒踊・狂言などが全域に見られる。

　ところで、1879年（明治12）に琉球藩が廃止されると、組踊や古典舞踊の担い手であった士族は禄を失い、やむなく芝居小屋で木戸銭をとって芸能を演じるようになる。やがて雑踊とよばれる庶民の音楽や風俗を取り入れた新しい舞踊もつくり出され、庶民の芸能として定着していく。雑踊には、加那よー・花風・谷茶前・鳩間節・浜千鳥（チジュヤー）などがある。戦後につくられた現代の踊り手による舞踊は、創作舞踊として分類されている。

徳元英隆（沖縄文化社編集者）

絵でみる

沖縄の民俗芸能

もくじ

I 南部地域の民俗芸能

那覇市の民俗芸能

辻の二十日正月
（ハチ カ ソーグヮチ）
地域／那覇市辻

ジュリ馬

獅子舞

弥勒

神女による辻の拝所回りがすむと、旗頭、弥勒行列、獅子舞、谷茶前などの多彩な芸能が披露される。ジュリ馬は、紅型衣装の女性たちが馬の頭の飾りものをつけ「ゆいゆい」と声を上げながらの演舞で、これにより祭りは最高潮に達する。

谷茶前

ウスメー狂言
地域／那覇市安謝

村落の繁栄を神に感謝し、来る年の五穀豊穣を祈願して演じられる狂言。長者の大主が八月十五夜の遊びに供の者を従えて出かける。遊び庭では、子どもたち、サンラー、筑登之、親雲上が豊作を祝う歌詞で踊る。その後、獅子舞などが登場する。

今年120才になるので子や孫たちとお祝いをしよう

孫たち

親雲上　筑登之　サンラー

できた　できた

みごと　みごと

チャッサカ　チャッサカ

踊って帰ろう

汀良町の獅子舞
地域／那覇市首里汀良町

沖縄最古の獅子舞といわれる。空手の型を基本とした勇猛な舞いと、仁王立ちになって魔物を睨みつける仕草に威圧感がある。

大嶺の獅子舞
地域／那覇市大嶺

県内では唯一獅子の目玉が動く。また静から動へのリアルな仕草が観客を釘づけにする。

赤田のみるくウンケー
地域／那覇市首里赤田町

国場の念仏エイサー
地域／那覇市国場

ここのエイサーの特徴は、歌詞が念仏であることと手踊りがないことで、エイサー本来の形式を残している。

布袋の面をかぶった弥勒神の行列で、豊年と無病息災を願っておこなわれる。この古い祭りは赤田から沖縄各地へと広まった。

安里南之島
地域／那覇市安里

「赤ガンター」というカツラをかぶり、腰にはひょうたん、手には輪のついた四尺棒、足には脚絆を巻いて激しく踊る。

国場のウズンビーラ

地域／那覇市国場(なはこくば)

田んぼをたがやすようすなどを表現した農耕舞踊(のうこうぶよう)で、ウズンビーラとは大きなヘラのことである。

泊地バーリー
地域／那覇市泊

小湾陸（アギ）バーリー
地域／浦添市小湾

一時途絶えていたが 1922 年に復活する。やがて那覇市泊では、毎年継続することを狙って、海での競漕から陸での「地バーリー」が考え出された。

1915 年、泊地バーリーから学び、大正天皇即位祝賀式で初披露された。一時途絶えたが、1975 年に復活し、小湾地域独自の行事として伝承されている。

※小湾陸バーリーは中部地域に入るが、那覇の泊地バーリーから伝わったものであり、両者を比較すべくここで紹介した。

保栄茂の棒術
地域／豊見城市保栄茂

巻ち棒　　巻ち棒は、青年男子による円陣などの隊形を
つくる棒踊りで200年以上の伝統がある。

ティンベー

棒とサイ

ヘーイ棒

三人棒

五人棒

南風原町の民俗芸能

兼城の揚作田
アギチクテン

地域／南風原町兼城
は　え　ばる　かねぐすく

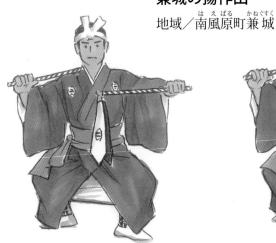

宮城の綛掛
カシカキ

地域／南風原町宮城
みやぎ

宮平の獅子舞
地域／南風原町宮平

本部の獅子舞
地域／南風原町本部

喜屋武の獅子舞
地域／南風原町喜屋武

長者の大主
地域／南風原町喜屋武

長者の大主と子孫が地域の繁栄を願い、集落の守護神である獅子を踊りでもてなす。

わしはこの村の長者の大主で120才になる。今夜は子や孫をつれての十五夜遊びじゃ

神様にお酒をささげよう

ウートートー

歌と踊りをお目にかけなさい

よくできたよくできた！

23

棒踊り

地域／南風原町

舞方棒は「かぎやで風節」に合わせて踊る。舞台の場における清めの開幕舞踊で、棒の舞いによって邪気を払うという。

津嘉山の棒

津嘉山の棒

宮城の棒

喜屋武の棒

照屋の棒

兼城の棒

神里の棒

狂言：伊豆味
地域／南風原町津嘉山

村遊びで大役をやりたい伊豆味だが、セリフも三線もできずに今年も雑役に回され、妻をだますことになる。

村の大遊びでは大按司をやりたいターリースーに教えてもらおう！

あの〜どうか教えて下さい

ならばわしのマネをしてみろ

くぬ村ぬ按司どぅやる…

○△×□△×○…

？

来年はやるぞ

27

糸満市の民俗芸能

真栄里の棒術
地域／糸満市真栄里

綱引き前の棒旗で相手を威
嚇し士気を高める。

新垣棒巻き
地域／糸満市新垣

集団が4列に分かれて巻く集団演舞の
「四方巻き」は観衆を引きつける。

米須の獅子
地域／糸満市米須

米須ウシデークでは最初にシーシガナシ（獅子加那志）が登場する。

古堅のミーミンメー
地域／南城市大里古堅

旧暦4月1日に行われる豊作や子孫繁栄を願う豊年祭。旗頭やミルク（弥勒）を先頭に、踊り手の子供たちや棒術の青年達が集落の5カ所を練り歩く。小さな子どもたちは耳たぶをつまんで「ミーミンメー　シーヤープー」と歌い踊る。

当間獅子舞

地域／南城市大里（当間区）

獅子舞は、旧盆と十五夜遊びで演じられる。

獅子舞

地域／南城市大里稲嶺

棒 術

地域／南城市佐敷津波古(さしきつはこ)

棒術は、琉球王朝時代(りゅうきゅうおうちょう)に士族(しぞく)や役人などが行ったのが始まりといわれる。

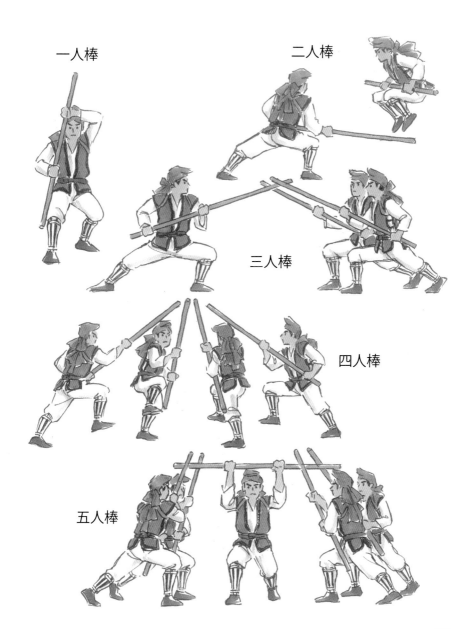

一人棒

二人棒

三人棒

四人棒

五人棒

天人
地域／南城市佐敷津波古

120 才になる
福人の大主である
今日は、孫のサンラーと
畑に行くぞ

わしは
この世を始めた
アマンチュぞ

おお、神さま

さあさあ
家でもお祝いだ

そろって
お祝いだ

クィクィ

畑を牛にすかしている長老（ちょうろう）の前に、突然アマンチュー（天人）が現れる。長老はアマンチューから五穀（ごこく）の種子をたまわり、子や孫（まご）とともに一家の繁栄（はんえい）を祝い酒宴（しゅえん）となる。アマンチューは３メートルもある巨人（きょじん）であり、二人一組の肩車（かたぐるま）で演じられる。

さあ、五穀の種子を授（さず）けよう

そなたに長者の大主の位も授けるぞ

ウートートゥ

父上、お呼びでしょうか

アマンチュより、五穀の種子を頂いたありがたいことよ

お祝いの酒を飲もう

クイクイ

道ズネー

地域／南城市佐敷津波古

掃除さーぶー

地域／南城市玉城糸数

今夜は十五夜。でも、何の芸もないので広場の掃除を言いつけられた。
荒れ果てた広場をきれいに掃除をするぞ！

まず草を取って

今日の掃除はオレがしたのか。それとも先祖が…

ウートートー
これからも広場を掃除するぞ！

36

ミルク（弥勒）を先頭に子供たちが太鼓や小竹を打ち
鳴らしながら行列をする。

お次は
ホウキで

あっちも

すみずみまで
きれいにするぞ

よし、きれい
になった。
さあ、点検だ！

上等！

んっ

木曳ち狂言
キーヒチきょうげん

地域／南城市佐敷津波古
なんじょう　さしきつはこ

久志間切の役人が、首里城北殿の材木を献上することになり、村の若者や
娘たちの力を借りて材木を山から運び出す。そのやりとりが笑いを誘う。

アヤグ
地域／南城市玉城前川
<small>なんじょう　たまぐすくまえかわ</small>

<small>おとこおど</small> <small>うでだめ</small> <small>しょ</small>
男踊りとして力くらべや腕試しの所
作が表現される。
<small>さ</small>

稲摺節
<small>いにしりぶし</small>
地域／南城市玉城百名
<small>たまぐすくひゃくな</small>

ティンベーとカマンティー
地域／南城市佐敷屋比久

この演目は、盾と刀、鎌と棒による演武のことである。

ティンベー

カマンティー

籾のまき方から収穫までの手順を表現した舞踊である。

41

醜童
しゅんどう

地域／南城市玉城志堅原
なんじょう　たまぐすく　し　けんばる

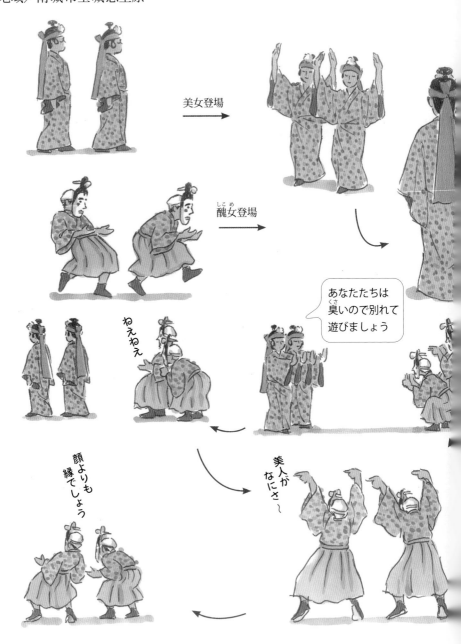

美女登場

醜女登場
しこめ

あなたたちは
臭いので別れて
遊びましょう
くさ

ねえねえ

美人が
なにさ～

顔よりも
縁でしょう

醜女のお面や滑稽な動きが笑いをさそう。志堅原の醜童の
特徴は、醜女が足腰を落として踊るところにある。

ねー、私らも
仲間に入れてよ〜

いっしょに
遊びましょうよ〜

寄 鍬
ゆしぐぇー

地域／南城市玉城前川
なんじょう たまぐすくまえかわ

44

昔の農作業のようすを 24 人で演じる。鍬（くわ）で畑をたがやし、ヘラで田をほりおこす勤勉（きんべん）な農民たちが、遊女（ゆうじょ）と遊びに出かける役人をからかう場面もある。

長者の大主

地域／南城市知念安座真

今年120才を迎えたので子や孫と共に豊作と健康、繁栄を願って祝いをしよう

さあ、みなでそろって帰ろう

白髪の長者の大主が、子や孫たちをひきつれて、祝言をのべ、五穀豊穣や村の繁栄を祈願する。そして、子や孫たちの舞踊をくり広げて神をもてなすというもの。

これは見事、見事

松竹梅

地域／南城市知念知名

仲里節

地域／南城市知念知名

四つ竹を持った琉装の女性による
おごそかな踊り。

祝儀舞踊の「松竹梅」に鶴と亀を加えた縁起のよい踊りである。

胡蝶の舞

地域／南城市知念知名

蝶が花にたわむれるように舞う踊り。コサックダンスのような足の動きが見どころ。

谷茶前

地域／南城市知念安座真

男が松明を持つことが雑踊りの谷茶前と大きく異なる。

鳩間節

地域／南城市知念安座真

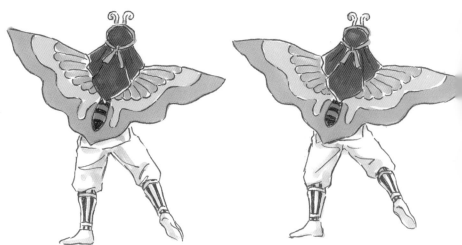

揚竹田
あぎちくてん

地域／南城市玉城仲村渠
たまぐすくなかんだかり

通常のいでたちと異なり、ここでは入道
頭巾に鉢巻をする。

蝶の衣装を着けて独自のふりつけで踊る。「シタリヌヨイヨイ」と
ちょう　いしょう　　　　　　　どくじ
いう囃子ことばが入る。
はやし

百姓ヌ按司

地域／南城市知念知名

今日は良き日だ
さあ、百姓たちよ
畑をたがやそう

戦後の荒廃した時期、集落の復興を願い創作された踊りで、区民の力強さが伝わる演目である。旧盆であの世から来た無縁仏を帰す行事「ヌーバレー」の中で披露される。

八重瀬町の民俗芸能

唐人行列

地域／八重瀬町富盛

唐人行列は、琉球王国時代に那覇の久米村から伝わったとされる。三角旗を担いだ「アーウー」を先頭に、王様とお供、唐手組、中国楽器のガク吹奏がつづく。

大和人行列

地域／八重瀬町富盛（やえせ　ともり）

大和人行列（ヤマトンチュジュネーイ）は、大名行列（だいみょうぎょうれつ）などから考え出されたとされる。行列参加者は和装（わそう）で、刀や鉄砲（てっぽう）、ちょうちんなどを持ち、「下に下に」と声をかけながら行進する。

八重瀬町の棒術

八重瀬町内の棒術保存会8団体による合同演舞で、渦巻きのように中心に集まり、威勢よく棒を打ち合う。

玻名城の弥勒

地域／八重瀬町玻名城

弥勒が獅子と共に集落内を練り歩き、悪疫払いと豊年を祈願する。

東風平の棒術
こちんだ

安里の棒術
あさと

小城の棒術
こぐすく

ぐしちゃんの汗水節

地域／八重瀬町具志頭
ぐしちゃん

「汗水節」は沖縄の代表的な教訓歌。働くことの喜びや大切さを歌や踊りで表現する。
あしみじぶし　きょうくんか

狂言：大按司願い
地域／八重瀬町志多伯（やえせちょうしたはく）

村遊びで大役（たいやく）をやりたい太郎だが、発声が悪く滑稽役（こっけいやく）に回され、妻（つま）の怒りを買う狂言（きょうげん）。

今年の祭りでは大按司（ウファジ）の役をやりたい！

頭主、教えて下さい

では、まねてみろ

？

ゆーちゃるむぬやーくぬ村ぬ　大按司…

頭主、大按司の役を教えて下さい

おまえもか！

こう歩くのだ

ホイホイ

う〜む

なーんだこっけい役よ

？

？

きゃは〜

ゴメン

わっはは

60

61

地域／八重瀬町
やえせ

友寄の獅子舞
しし まい

地域／八重瀬町友寄
やえせ ともよせ

玻名城の獅子舞

地域／八重瀬町玻名城
は な しろ

志多伯の獅子舞

地域／八重瀬町志多伯
した はく

新城のシーヤーマー

地域／八重瀬町新城

昔、村の娘たちは集団で椎の実を拾っていた。そして実を拾う所作の踊りを楽しんだ。これを集団舞踊化したのがシーヤーマーである。また、斧やノコギリを持った若者たちによる男踊りも登場する。

前踊り

男踊り

女踊り

久米島町の民俗芸能

兼城の獅子舞（ししまい）

地域／久米島町兼 城（くめじま　かねぐすく）

仲村渠節（なかんかりぶし）

地域／久米島町仲地（なか ち）

網打ち踊り（あみ う）

64

ハチブローと呼ばれる二人のワクヤー（踊り手）に先導された獅子が、集落内を練り歩いて災厄や疫病を追い払う。

陶工の住居形態をのこす壺屋の新垣家住宅（那覇市）

沖縄戦における戦没者の氏名が刻まれた平和の礎（糸満市）

Ⅱ 中部地域の民俗芸能

浦添市の民俗芸能

内間の棒
地域／浦添市内間

内間の棒は合戦棒と言われ、相手を倒すほどの勢いで棒と棒の激しいぶつかり合いが演じられる。

前田の棒

地域／浦添市前田（うらそえし　まえだ）

棒の種目は、20 種類にもおよび、数え年 15 才から 35 才までの男子が
旧暦八月十五夜の祭りで無病息災を願い、様々な棒術の形を演じる。

内間の獅子舞
地域／浦添市内間

獅子舞の芸の種類は 11 芸あり、いずれも高度なテクニックと体力が必要とされる。

勢理客の獅子舞
地域／浦添市勢理客

雌獅子による細かく勇壮な 7 種の演舞が披露される。

仲西の獅子舞
地域／浦添市仲西

顔の大きな雄獅子により8種の芸が継承されている。

棒ムタバー

子ども獅子舞

西原町の民俗芸能

棚原の弥勒舞い

地域／西原町棚原<ruby>西原<rt>にしはら</rt></ruby><ruby>棚原<rt>たなばる</rt></ruby>

弥勒神は、豊年を運んでくる五穀の来訪神で、布袋の仮面を被って登場する。これに因んで、沖縄では豊年のことを弥勒世、弥勒世果報というようになった。棚原の弥勒は、弥勒信仰の発祥地である首里赤田から伝わったといわれる。

狂言「玉城ペーチン」
地域／西原町棚原

76

ムラアシビ（村遊び）とは、その年の豊作を神様に感謝し、翌年の豊穣を祈願する豊年祭のことで、数々の舞台芸能が演じられる。棚原のムラアシビは、12 年に一度の酉年におこなわれる。狂言「玉城ペーチン」は 2 日目に披露される。

狂言「与那覇頭親雲上」

地域／西原町棚原

78

役人になれない夫に愛想がつきた妻はついに離縁する。その後、皮肉にも夫が出世したので、さっそく元妻は村頭に復縁を願い出る。しかし、村頭から「覆水盆に返らず」だと諭される。いったん離縁した夫婦の仲は元には戻らないというもの。

宜野湾市の民俗芸能

大謝名の獅子舞

我如古のスンサーミー

旧暦の３月３日、着物姿の女性が四つ竹を持ち、円を描きながらゆったりと舞う。ウシデークの一種と考えられている。

普天間の獅子舞
ふてんま

普天間の獅子はメスで大謝名
の獅子はオスといわれている。

野嵩の下り口説
のだけ　クダイクドゥチ

薩摩藩での任務を終え、琉球へ帰国する旅程
さつまはん　　　にんむ　　　　　　りゅうきゅう　　　　　りょてい
の曲で、「二才踊り」が振り付けられている。
ニーセーウドゥイ

中城村の民俗芸能

打花鼓
地域／中城村伊集（なかぐすく いじゅ）

行列一行が登場し、この３人が軽業師（かるわざし）のような躍りを見せる

14世紀末、中国からの帰化人（きかじん）によって伝えられた芸能。中国風の鮮やかな衣装（いしょう）と楽器で踊（おど）る打花鼓（ターファークー）は、現在、中城村伊集のみに継承（けいしょう）されている。

83

草刈り狂言

地域／中城村津覇

屋根を葺くための草を守る番人と、その草を盗み出そうとした草刈り泥棒たちの滑稽なやりとりの狂言。泥棒たちは番人に追い払われるが、頭の弱いヤマタヤーだけは再び戻ってきてカマキリと遊ぶというもの。

あいっ
草どろぼうだ

おお、
いくらでも
あるぞー

向こうで
刈っていろ

なんにも
ないよ〜

くゎひゃー

なにぃ！

その首を
はねるぞ〜

こらっー
草盗人めー

北中城村の民俗芸能

熱田のフェーヌシマ

島袋の赤木名節

喜舎場の棒術

喜舎場の獅子舞

北谷町の民俗芸能

フェーヌシマ

地域／北谷町北谷（ちゃたん）

ミルク（弥勒）

地域／北谷町玉代勢

玉代勢（たまよせ）では豊穣（ほうじょう）の神のミルクが二人で登場する。

フェーヌシマとは、豊作や無病息災もたらす勇壮な棒踊りである。

獅子舞
地域／北谷町伊礼

２匹の猿が登場し、猿にからかわれた獅子が猿を追いかけまわす。

嘉手納町の民俗芸能

屋良のあやぐ

この踊りは、屋良では明治のころから村遊びで踊られてきたという。あやぐは、美しいことば（綾言）という意味である。

屋良のチンク

道ジュネーの芸能で、鉦、締め太鼓、法螺、六尺棒で勇壮に演じる。チンクとは沖縄語で鉦のこと。

野里の松竹梅

野里の松竹梅は創作当初の型を継承しており、鶴亀の踊りは加えない。この祝儀舞踊は、玉城盛重によってふりつけされたといわれている。

91

地域／嘉手納町

野里の道イリク

野里の道イリクは凱旋の引き際の芸能として演じる。

野里のサマカラワー

この踊りは他の地域にはなく野里独特の踊りという。

野里棒

一人棒と組棒があり、二人が激しく打ち合う姿は圧巻で、組棒は 11 組が継承されている。

野国天川

野国天川は「加那ヨー天川」の原形で、男女 3 人ずつの踊りになっている。

長者の大主・ハーメー

地域／読谷村波平

> 首里天加那志　百歳までぃ
> ちょわてぃ　御万人ぬまじり
> うがでぃなーびり

> マジルー、
> ウトゥーよ〜

> 私は大主の妻の
> ハーメーです
> 私も孫と踊りを
> 楽しみましょう

> 今日もめでたい
> 明日もめでたい
> 来年も同じよう
> に遊びましょう

はじめに長者の大主と孫が村の豊年と繁栄を祝って登場し、そのあとで大主の妻の嘉利吉ハーメーも孫を連れて同じように踊りを楽しむ。

私達ハーメー　嘉利吉ハーメー
今日ん嘉利吉　明日ん嘉利吉
やーぬん　くぬぐとぅ
遊ばなや　遊ばなや

波平棒
地域／読谷村波平

作たる米
地域／読谷村長浜

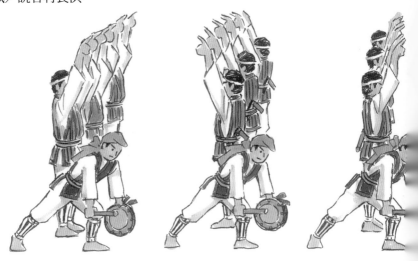

1750年頃、津堅アカナーという武勇に
すぐれた人によって伝わったとされる。

締太鼓と手踊りで豊作祈願を歌い踊る。

座喜味棒

地域／読谷村座喜味

津堅島の流れをくむ棒術で10種類の型が伝わる。

上り口説囃子
地域／読谷村宇座

高平良万歳
地域／読谷村楚辺

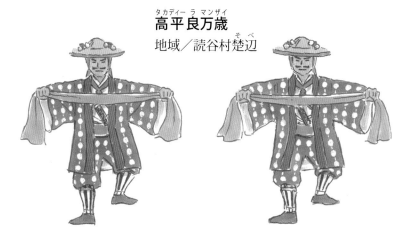

真福地のはいちょう
地域／読谷村瀬名波

馬 舞
地域／読谷村高志保

南ヌ島
地域／読谷村儀間

那覇市辻に伝わる「ジュリ馬」と同じ系統の芸能で、本土の
春駒芸の流れをくむ。

二人一組での素手によるこっけいな所作が特徴になっている。

狂言「京太郎」

地域／読谷村長浜

長浜の特徴は、古い京太郎芸を思い起こさせる小道具や採物が次々と登場すること。また、見どころは笑いを誘うコミカルなセリフ回しにある。京太郎は、各地域で表現方法が異なるが、長浜には劇化された京太郎芸が伝承されている。

うるま市の民俗芸能

テンテンブイブイ
地域／うるま市勝連平安名

京太郎
地域／うるま市勝連浜

フェーヌシマの踊りの一部であった「テンテンブイブイ」
をぬき出して独立させたもの。

琉球王府時代には、安仁屋村といわれる念仏者の集落が
首里にあり、門付芸人の京太郎たちはここを拠点に島内
を歩き回っていた。浜の京太郎は、明治時代に首里の役
者が伝えたとものと言われている。

獅子舞

地域／うるま市田場

島民ダンス

地域／うるま市栄野比

ティンベー

地域／うるま市田場

スピード感あふれる三つの古武術演舞（こぶじゅつえんぶ）が披露（ひろう）される。

南洋群島（なんようしょとう）テニアン島に由来（ゆらい）するダンスで 1950 年が初演。

高砂

地域／うるま市勝連比嘉

クガナー

地域／うるま市勝連平安名

さあ、遊びに行こう！

（子守の娘たち）

高砂は、雑踊の「松竹梅鶴亀」に類似している。まず、松・翁・媼・鶴・亀が踊り、最後は総踊りとなる。

子守りの娘がクガナーに託す思いを歌った「クガナー節」と、母親たちの豊作予祝を歌った「稲摺節」の2曲で踊られる。クガナーとは赤ちゃんのこと。

しゅんどう（醜童）
地域／うるま市勝連平安名

美女2人と醜女2人による踊りで、ユーモアの中にも哀愁のただよう演舞になっている。

美女登場

醜女登場

うふふ

ねえねえ

遊びましょう

顔よりも
縁でしょう

美人が
なにさ

よも面の清さ
　どく頼で居るな
　縁ど肌添ゆる
　浮世知らぬ

（やれこのしい節）

諸鈍長浜に　打ちやり引く波の
諸鈍美童の　目笑ひ歯茎
諸鈍美童の　雪のろの歯茎
いつか夜の暮れて　御口吸わな

（しよんだう節）

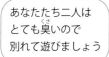

111

松竹梅
しょうちくばい

地域／うるま市勝連内間
かつれんうちま

獅子舞
しししまい

地域／うるま市勝連平敷屋
かつれん へ しき や

うるま市勝連は民俗芸能の宝庫で、古来より
受けつがれてきた数多くの芸能が演じられる。

八重瀬の万歳
地域／うるま市勝連南風原

組踊「忠臣身替の巻」の中から一
場面を抜き出し、単独の舞踊に仕
立てたもの。

津堅島の唐踊り

地域／うるま市勝連津堅

男たちによって八月遊びで演じられる踊り。パーランク（小太鼓）と扇子をもって踊る者とで構成される。衣装は太鼓打ちがドゥジンバカマ（胴衣袴）、踊り手が芭蕉の着物を着る。唐とは中国だけのことではなく、国や島の外側を意味することばである。

津堅島の潮巻棒

地域／うるま市勝連津堅

津堅島の潮巻棒は豊作豊漁などを願って演じられ、大海や漁師の生き方を表現した勇壮な踊りである。

動乱の時代を生きた護佐丸の中城城跡（中城村）

15世紀、阿麻和利が居城した勝連城跡（うるま市勝連）

Ⅲ 北部地域の民俗芸能

恩納村の民俗芸能

鶴亀松竹梅（つるかめしょうちくばい）

地域／恩納村（おんな）（南恩納区）

南ぬ島（ふぇーぬしま）

地域／恩納村仲泊（なかどまり）

1984年の復活後（ふっかつ）は4年毎に演じられている。

南恩納区では、鶴と亀を先に登場させ、松、竹、梅、総踊りの順で踊る。

しゅんどう
地域／恩納村仲泊

美女と醜女が登場する「しゅんどう」は、古典舞踊では唯一の打組踊りである。

ねえ
遊びましょう

あなたたちは
臭いからいやです

下り口説

地域／恩納村名嘉真

笠口説

地域／恩納村恩納

仲里節

地域／恩納村安富祖

高平良万才

地域／恩納村瀬良垣

白瀬節
しらしぶし

地域／恩納村名嘉真
おんな　なかま

長恩納節
ながうんなぶし

地域／恩納村恩納

舞方
めーかた
地域／恩納村安富祖
あ ふ そ

女 踊
おんなうどうい
地域／恩納村瀬良垣
せ ら がき

恩納番所
うん な ばんじゅ
地域／（南恩納区）

金武町の民俗芸能

南ヌ島
（フェーヌシマ）

地域／金武町伊芸
（きん いげい）

「南ヌ島」は、歌の内容や発していることば
も意味不明で、発祥地も不明とされている。

松 竹梅鶴亀
（しょうちくばいつるかめ）

地域／金武町金武

獅子舞

地域／金武町金武

旧暦 8 月 15 日、獅子舞奉納がノロ殿内でおこなわれる。

松は長寿、竹は誠実、梅は華美、鶴亀は長寿をあらわす祝儀舞踊である。

宜野座村の民俗芸能

漢那の長者の大主

地域／宜野座村漢那

ウートートゥ、今年の豊年に感謝します。来年の豊年満作も何卒よろしくお願いします

神遊びの踊りをお目にかけたく

さあさあ踊ってみせよ

踊って帰ろう

みごとみごと

惣慶のミジタヤー

宜野座村惣慶

130

5人の役者で踊る演目。まず、長者の大主が今年の豊年を神に感謝し、来年の豊年満作を祈る。その後、長者が子どもと孫に踊りを催促し、神に踊りを奉納する。

男女各4人による群舞形式の楽しい手踊りである。

131

松竹梅
地域／宜野座村漢那(ぎのざむらかんな)

当初「松竹梅(しょうちくばい)」は三人の踊りであったが、後に
おめでたい「鶴と亀」を加えてさらに華(はな)やかさ
を増(ま)した。

京太郎
地域／宜野座村宜野座

蝶千鳥
（ちょうちどり）

地域／宜野座村宜野座

男女三組による打組踊り。男を蝶、女を花になぞらえ、男女のむつまじさを表わす優雅な踊り。

1900年、八月あしびで初めて京太郎（チョンダラー）が披露（ひろう）された。その後、宜野座（ぎのざ）独自の工夫（くふう）が加えられ現在のような踊りになった。

133

宜野座のミルク
地域／宜野座村宜野座
_{ぎ の ざ}

振袖をまとった若衆姿の衣装が、他の地域の
ミルク（弥勒）との違いになっている。

松田の道づね
地域／宜野座村松田<ruby>松田<rt>まつだ</rt></ruby>

<ruby>無邪気<rt>むじゃき</rt></ruby>に遊びたわむれる子どもたちの
ようすを表現した踊りである。

松田の獅子舞
地域／宜野座村松田<ruby>松田<rt>まつだ</rt></ruby>

1924年、<ruby>羽地村<rt>はねじ</rt></ruby><ruby>田井<rt>たいら</rt></ruby>等の<ruby>獅子舞<rt>ししまい</rt></ruby>を学んで持
ち帰り、今の踊りを完成させたという。

名護市の民俗芸能

人形踊（みんじょーうどぅい）
地域／名護市久志

踊り神

久志の旧家の先祖が中国で踊りの行列を見学し、美人で踊りの上手な女性の顔をかたどって持ち帰り、この踊りを伝えたのが始まりという。久志だけに伝わる舞踊である。

思いある仲や　人繁さあぬ
袖に顔かくち　忍でいもり
　　　　　　　　　（仲村渠節）

南洋浜千鳥
なんようはまちどり

地域／名護市久志
なご くし

伊良波尹吉が南洋の踊りを取り入れて創作した。
いらはいんきち　　　　　　　　　　　そうさく

久志の女踊 （いなぐうどぅい）

地域／名護市久志

他では見られない久志だけの踊り
として伝わる。

柳
地域／名護市幸喜

御冠船の踊り手であった恩河親雲上により伝授されたという。

四ツ竹
地域／名護市幸喜

幸喜の「四ツ竹」は、花笠をかぶらずに二人一組で踊る。

七福神

地域／名護市辺野古

福禄寿   寿老人   布袋   弁天

白鳥節（しらとぅやーぶし）

地域／名護市宮里

四つ竹を打ち鳴らしながら二名で踊る。

このめでたい舞踊は、芝居役者の玉城金三
（クガニヤマー）によって伝授された。

大黒   恵比寿   毘沙門天

手間戸

地域／名護市屋部

女二人による踊りで、前半は手踊り、後半は
扇踊りで構成される。

猿舞
さるまい

地域／名護市東江
な ご し あがり え

２匹の猿が獅子にいたずらをし、怒りだした獅子が猿を追いかけ回す。コミカルな猿と迫力ある獅子の掛け合いが人気の演目。

142

数久田棒術
地域／名護市数久田

激しく打ち合う棒術は「ケンカ棒」として
有名で、全員が力いっぱい棒を振る。

浦島

地域／名護市宮里

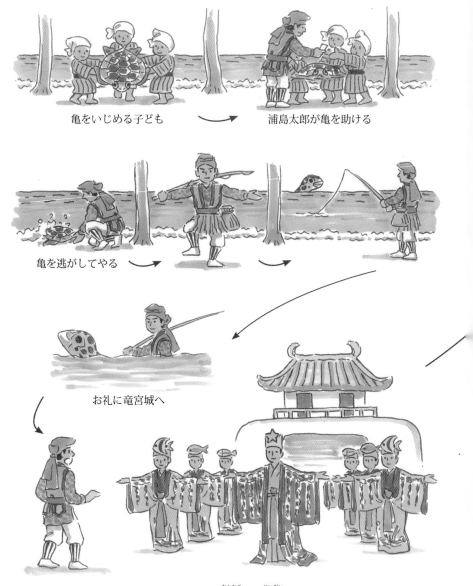

亀をいじめる子ども

浦島太郎が亀を助ける

亀を逃がしてやる

お礼に竜宮城へ

乙姫らに盛大に迎えられる

144

有名なおとぎ話「浦島太郎」を舞踊劇にした作品で全体は3幕からなる。多数の演者が登場する華やかな舞台になっている。

乙姫と踊ったり、子姫（魚）たちの踊りを楽しむ

玉手箱をおみやげに帰郷する

玉手箱を開けて老人となる

狂言「稲摺節」

地域／名護市屋部
(なごやぶ)

掟前(ウッチメー)、番所(ばんじょ)から手形(てがた)が届いています

これは御前からの手形だ。すぐに用意せねば、娘たちを集めなさい

ここらでよかろう

シーシ、シーシ、ブックイ、ブックイ

ぶじに終わりました

これ、何をしてるか！

146

稲の豊作予祝である「稲摺節」の舞踊は県内各地で演じられているが、狂言形式にしたものは屋部のみになっている。

長者の大主
地域／名護市屋部<ruby>屋部<rt>なご やぶ</rt></ruby>

わしは 120 才になる長者の大主。
今年も豊年満作でめでたいこと
よ。子や孫と野原で遊ぼう

二才<ruby>二才<rt>ニーセー</rt></ruby>たちもよく踊った。
まことにめでたい日だ。
踊りながら帰ろう

♪

長者の大主が豊作や子孫繁盛を神に感謝し、一族の子や孫に踊りを披露させる。各地の豊年祭で見られる幕開けの芸能である。

ハンタマ
地域／名護市屋部
<ruby>名護<rt>なご</rt></ruby><ruby>屋部<rt>やぶ</rt></ruby>

二人で踊り、本踊りの「<ruby>久<rt>く</rt></ruby><ruby>米<rt>み</rt></ruby>はんた前<ruby>節<rt>めーぶし</rt></ruby>」では<ruby>花笠<rt>はながさ</rt></ruby>をもって踊る。

<ruby>万寿主<rt>まんじゅうしゅ</rt></ruby>
地域／名護市屋部

二人による<ruby>二才踊<rt>ニーセーおどり</rt></ruby>で、<ruby>陣笠<rt>じんがさ</rt></ruby>をもってりりしく踊る。

150

久志の万才
まんざい
地域／名護市屋部

久志の若按司が、敵のとりこになっている
従兄弟と乙鶴を助けに行く場面を1曲にまと
めたもの。

かせかけ
地域／名護市屋部

とんぼの羽ような服を恋人に仕立てたいとい
う一途な娘心を踊る。

舞踊「すんどー」
地域／名護市屋部

屋部の「すんどー」は、八月踊りの「道じゅねー」で
登場し、また舞台では、舞踊の最後の演目となっている。

狂言「義民（京太郎）」

地域／名護市呉我

村に碑文を立てた
めでたい日だ
さあ、相撲を楽し
もうではないか

クノーいてて

京太郎一行

勝負しろ!!

そりゃ

京太郎になって
油断させるぞ

仕返しだ！

何てことを
仇を討ってやる

あっ

さあ、踊って帰ろう

154

相撲で負けたことに恨みをもった士族が卑怯な手段で相手の百姓を斬り殺す。仲間を殺された若者たちは京太郎に身をやつして見事に仇討ちを果たす。

155

長者の大主
地域／名護市源河

神であるニライカナイの大主が長者に五穀の種籾を与え、耕作の手順をくわしく伝授する。

操り獅子
地域／名護市川上<ruby>名護市<rt>な ご</rt></ruby><ruby>川上<rt>かわかみ</rt></ruby>

母獅子が子獅子を優しく見守る。<ruby>優<rt>やさ</rt></ruby>

糸でつるした２頭の子獅子が素早い動きで金の玉とじゃれ合う。また、母獅子が玉を取り合う子獅子をやさしく見守っている。豊年祭の最終演目として登場する「操り獅子」は、名護市川上、今帰仁村謝名、本部町伊豆味の３地域のみに伝承され、「記録作成等の措置を講ずべき無形の民俗文化財」として国の選択になっている。

謝名のアヤーチ獅子
地域／今帰仁村謝名

2本の糸で体長70cm、体高45cmほどの小型獅子をあやつるめずらしい民俗芸能である。

伊豆味の操り獅子
地域／本部町伊豆味

2匹の小型獅子が舞台中央につるされた金色の玉とたわむれ、いろいろな動きを見せる。

※今帰仁村と本部町の「操り獅子」は名護市の芸能と比較すべくここで紹介した。

本部町の民俗芸能

狂言「亀浜」
地域／本部町備瀬

亀浜、大富、成川の三人は幼なじみである。三人は空手を続けているが、大富、成川が稽古をなまけてばかりいるので、亀浜は一計を案じて二人を改心させようとする。亀浜は天狗に化けて、観月会に遊びに行く二人を長刀で脅し、今後は空手に励むことを約束させる。天狗が去った後に亀浜が登場し、自分が天狗に化けていたことを二人につげる。改心した二人は、これからは稽古に励み、もとの三人にもどって仲良くしようと家路につく。

163

今帰仁村の民俗芸能

路次楽
地域／今帰仁村湧川

路次楽とは、ガクという管楽器や太鼓などを
用いて演奏される中国伝来の道中楽である。

棒 術
地域／今帰仁村今泊

４年に１度の豊年祭では、迫力満点の棒術
が道ジュネーで披露される。

松竹梅鶴亀

地域／今帰仁村謝名

祝儀舞踊として創作された踊りで、松は長寿、竹は誠実、梅は華美、鶴亀は長寿をあらわす。

稲しり狂言

地域／今帰仁村謝名

二人の村娘と狂言回し、福念親雲上が登場して展開
する愉快な歌舞劇である。

獅子舞
地域／東村川田

戦争で灰になった獅子頭。伝統芸能を絶やしてはならぬ
という思いから、苦労しながらも手作りで復活させた。

エイサー
地域／東村宮城

男子青年だけで演じる手踊り本来のエイサーである。
ゼイ・四つ竹・センスなどの小道具も使われる。

168

女手踊り
地域／東村有銘

琉球処分後、山原に移住してきた士族
によって伝えられた古典舞踊のひとつ。

国頭村の民俗芸能

獅子舞

地域／国頭村奥間

170

オジー（翁）、獅子、弥勒、鬼、サーミンクェーという
異形のサルが登場する。

かぎやで風
<ruby>カ<rt></rt></ruby>かぎやで風

地域／国頭村奥間
（くにがみ　おくま）

若衆の服装で右手に扇子を持って踊る。
（わかしゅう　ふくそう　せんす）

恩納節
（ウンナブシ）

地域／国頭村奥間

紅型衣装で、花笠をかぶって踊る女踊。
（びんがた　いしょう　はながさ）

172

五福の舞
ごふく まい

地域／国頭村奥間

華やかな衣装と軽快な踊りで観衆を引きつける。
はな けいかい かんしゅう

高平良万歳
タカ デーラ マン ザイ

地域／国頭村奥間

上り口説
ヌブ イ ク ドゥチ

地域／国頭村奥間

国頭サバクイ
クンジャン

地域／国頭村奥間
くにがみ　おくま

首里城を建てる御用材を山奥から鏡地の浜まで運ぶ所作を演じる。サバクイとは琉球王国時代の地方役人の役職名。

サー 国頭サバクイ
ユイシーユイシー

エイヤ エイスリ
ヨー ヤリクール

175

国頭サバクイ
地域／国頭村

国頭サバクイ
地域／東村川田

※各地の国頭サバクイを比較すべく東村の国頭サバクイもここで紹介した。

「国頭サバクイ」は、首里城の改修のおり、国頭の山から木材を運搬するときに歌われた。この木遣歌は、滑稽な踊りなどで演じられる。

伊江村の民俗芸能

ペンシマ

フェーヌシマ系の演舞である。武士が６人の
鬼の首に縄をかけ鬼退治をとげる。

おりゃー

ひえ〜

ひえ〜　ひえ〜

扇 吉田
おうじゅし だ

徒然草の著者である吉田兼好を讃えた歌と踊り。
つれづれぐさ ちょしゃ よし だ けんこう たた

国頭サバクイ
くんじゃん

首里城への建築資材の切り出しの所作が表現
しゅり けんちくしざい しょさ

されるおどけた踊り。

179

地域／伊江村

按司添前
あじすいめ

按司様の船の走る姿が美しいという踊り。

あかきな節

春の訪れの喜びを歌った踊り。

宮古節
<small>にゃーふぶし</small>

宮古島に旅をした若者が持ち帰った踊りといわれる。

ヨイヨイ節

意味不明の歌詞で踊られる。

地域／伊江村

雨降花染
あみぶいはなずみ

四人の若者が小道具のゼーを持って踊る。

様は
さまわ

あなた様はお江戸の育ち、私は田舎の山育ちとの歌詞がある踊り。

殿の御門
とぅんぬぐむん

腰に剣をさし、扇を持って四人で踊る。

次郎が
じろう

次郎が形見に傘を三つもらったという意味の踊り。

風光明媚な万座毛（恩納村）

世界自然遺産に登録された山原の森林（国頭村）

Ⅳ 宮古地域の民俗芸能

宮古島市の民俗芸能

クイチャー
地域／宮古諸島

川満の棒踊り
地域／宮古島市下地川満

村の厄払いから生まれた伝統芸能で、疫病の魔物を棒で退治したことが由来という。

宮古全域に伝わる野外での集団舞踊。豊年祭や雨ごいなどの
場面で歌い踊られ、各集落に独自のクイチャーが存在する。

多良間村の民俗芸能

多良間島の八月踊り

地域／多良間村仲筋

しけや節

イラブ節

多良間島の八月踊りは、民俗舞踊と沖縄本島からもたらされた古典舞踊および組踊の二つに分けられるという。

伊計離節・金武節・綾蝶節

仲里節

多良間島の八月踊り

地域／多良間村仲筋

獅子舞

棒踊

福禄寿
ふくろくじゅ

カジマヤー

多良間島の八月踊り
地域／多良間村塩川

獅子舞

棒踊り

長寿の大主

うなじゃら

嫡子親雲上

多良間島の八月踊り
地域／多良間村塩川

辺野喜節

二才踊り

いきんとう節

多良間シュンカニ

国指定名勝の東平安名崎（宮古島市）

美しさを誇る砂山ビーチ（宮古島市）

Ⅴ 八重山地域の民俗芸能

八重山地域の民俗芸能

八重山の芸能は奉納芸能であり、神を歓待する芸として受けつがれている。

赤馬節（祝宴の幕開けの歌舞）

月夜浜節

舟越節

198

蔵ぬぱな節

高那節

仲良田節

越城節

御前風（幕開けの祝儀舞踊）

古見ぬ浦節

しちょう節

200

矼ゆば節

やくじゃま節

赤また一節

古見ぬ浦節

鷲の鳥節（幕開けの祝儀舞踊）

揚古見の浦節
（あぎくんのーらぶし）

上原の島節
（ういばるぬしいまぶし）

たらくじ

四季口説

道輪口説

綱引口説

黒島口説
くるしまくどぅき

まるまぶんさん

登野城布晒節
とう ぬ すく ぬぬ さらし ぶし

地域／石垣市登野城
いしがき と の しろ

御用布を織りあげるようすの舞踊で、井
戸を置き、上布、柄杓、桶、タライなど
を採物とする。

蔵の花節
うらぬぱなぶし

蔵とは、琉球王府時代の蔵元（役所）のことで、
登野城は蔵元の所在地であった。

獅子舞
ししまい

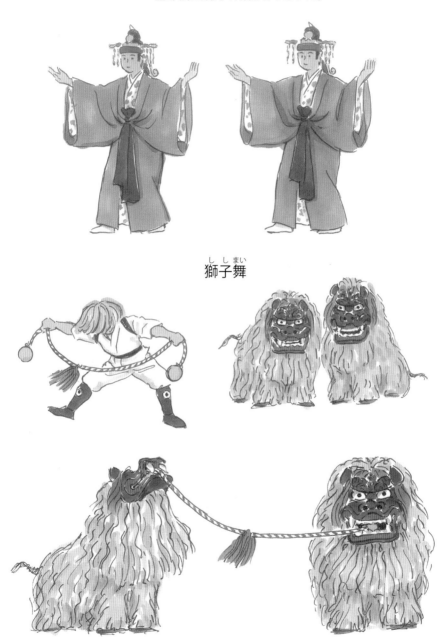

竹富町の民俗芸能

鬼狂言 ^{ウンキョンギン}

地域／竹富島仲筋村

玻座間村の民俗芸能
地域／竹富島玻座間村

種子取祭・舞台の芸能

種子取祭の舞台で最初に奉納されるのがホンジャー（芸能の神）で、豊作祈願と芸能の奉納を宣言する演目になる。

狂言「ホンジャー（長者）」

シーザブドゥイ

狂言「鍛冶工」

狂言「鍛冶工」（キョンギン カザク）

鍛冶屋の親方と弟子が農具を作る狂言。

211

狂言「世曳き」
キョンギン　ユー ピ キ

地域／竹富島玻座間村
たけとみ　は ざ ま

種子取祭・舞台の芸能
タナドゥイ

「長者の大主」系の芸能で首里
しゅり

のことばを使って演じられる。

大山家の当主である
子や孫をつれて
豊作の喜びを神に報告
するとしよう

神様への
お供え物です

さあ次は
踊っておくれよ
お前たち

はい

ああ、美さん
孫もでかした
ちゅ

踊って
帰ろうぞ

組長刀
<ruby>組<rt>くみ</rt>長<rt>なぎ</rt>刀<rt>なた</rt></ruby>

胡蝶の舞
<ruby>胡<rt>こ</rt>蝶<rt>ちょう</rt>の舞<rt>まい</rt></ruby>

地域／竹富島玻座間村　　　　種子取祭・舞台の芸能

しきた盆

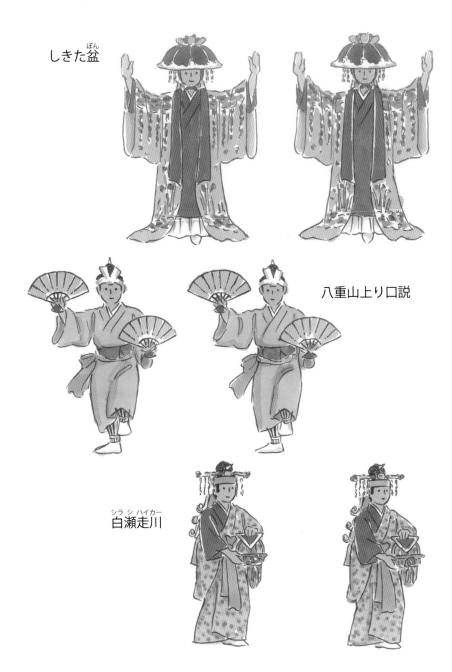

八重山上り口説

白瀬走川

安里屋節
<ruby>安里屋<rt>あさどや</rt></ruby>節

真栄節
真<ruby>栄<rt>マザカイ</rt></ruby>節

ササラ銭太鼓
ササラ<ruby>銭太鼓<rt>ジンダイク</rt></ruby>

棒踊り（一番〜五番まである）

三番棒（刀と槍）

五番棒（刀と薙刀）

ジッチュ

真栄
マ ザ カ イ

馬乗者
ンーマヌシャ

小浜島の民俗芸能
地域／竹富町小浜島

棒術

前の槍

サイの手

鍬の手

ティンパイ

棒踊りは、笛、ドラ、大太鼓、ホラ貝で囃して演じられる。

三人棒

鎌の手

ヤコウの手

山ガラス

地域／竹富町小浜島

苧引き

かしかき

220

はぴら

鷲の鳥節
<ruby>バスイヌトゥルぶし</ruby>

ダートゥーダー

地域／竹富町小浜島

黒い面の4人が登場し、歌声に合わせて面白い所作を見せるが、歌詞も所作の意味も不明。フェーヌシマ系の芸能に属すると言われる。

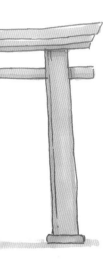

ダートゥーダー ♫
♫ ダートゥーダー

223

初番狂言

地域／竹富町小浜島

神が村の総代に五穀の種子を与え、種まきの仕方や育て方を
教える。村人たちは感謝のことばを述べ、踊りを披露する。

神様に踊りを
披露するぞ

お礼の踊りを
お見せしよう

さあ、帰ろう

225

地域／竹富町小浜島

小浜節

天加那志

226

鍛冶工狂言
<ruby>鍛<rt>カン</rt></ruby><ruby>冶<rt>ザ</rt></ruby><ruby>工<rt>ク</rt></ruby><ruby>狂言<rt>キョンギン</rt></ruby>

西表島の民俗芸能

祖納村の狂言

ハー　ドー　ドー
ヘーク　バンヤカラ
ヌリ　トゥンジョービタル

ハー　ダーダー
ワーガ　スティチャル
ンマ　タダヌ

ダイクク
タイヒンヌ
イークトゥタ

干立村の狂言

ハッ　ダー　ダー
アガリシラクムヌカラ
トゥンディタル

ハッダー　ダー
カビラ　ダー
カリユシヌ
カリハヤチャカイドーサリ

ホーヘー　ホーヘー
ホヘー
タイユウガ
タヒンヌアーラー
イーリップカラ

228

干立村の棒芸

シーシャー棒

二人棒

三人棒

祖納村の節祭

地域／西表島祖納

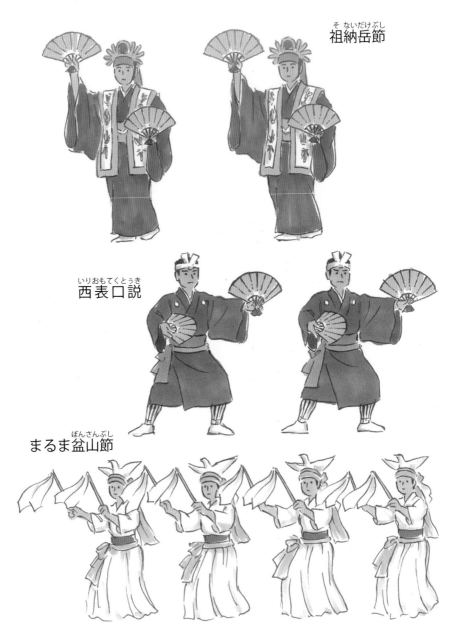

祖納岳節

西表口説

まるま盆山節

230

節祭とは年の節目を祝う祭りで海の彼方より幸を迎え入れる。毎年旧暦９月の己亥の日から３日間おこなわれ、豊作への感謝と翌年の五穀豊穣を祈願する。

棒芸

二人棒

ガヒャ棒

地域／西表島

干立口説
<ruby>干立口説<rt>ふだてくとぅき</rt></ruby>

干立のトゥバイラーマ
<ruby>干立<rt>ほしだて</rt></ruby>のトゥバイラーマ

獅子舞　　干立の獅子舞は一頭で踊り、雄獅子といわれている。

上原ヌデンサ節

仲良田節（祖納村）

狂言「亀組」
地域／西表島古見

村の頭が五穀の種子を女神から授かり、大喜びで感謝する狂言。

234

みなとーま

するすくい

蛸捕り
たくとう

サングルロ

祝鼓舞（ズンズンブドイ）

ハデク舞

チンダラ節

地域／竹富町

田耕（西表島古見の狂言）

種子取祭（竹富島）

種おろしの行事で、神事、奉納芸能、世乞いが厳格な儀式でおこなわれる。五穀豊穣を願い、80余りの奉納芸能が披露される。絵は「ジッチュ」を踊る女性たち。

離レマの前の渡節（新城島）

離レマの前の渡節（新城島）のふりがな: ハナレ マ ヌ マイ ヌ トゥぶし（あらぐすく）

地域／竹富町（たけとみ）

波照間島の獅子舞（はてるまじま）

6頭の獅子舞（ししまい）は迫力満点（はくりょくまんてん）で、観客とのやりとりも楽しい。

黒島の芸能（くろしま）

クワやカマを持ち、農耕（のうこう）の演技（えんぎ）を取り入れた素朴（そぼく）な集団舞踊。

小浜島の巻踊
こ はまじま

八重山の巻踊は健康を祈念する踊り。小浜島の巻踊
まきおどり　けんこう　　き ねん
りでは、衣装や鉢巻などに統一感を持たせる。
い しょう　はちまき　　とういつかん

地域／竹富町

鳩間中森（鳩間島）

石ヌ屛風節（西表島の船浮）

波照間節（波照間島）
はてるまぶし

夜雨節（波照間島）
ユルアミぶし

与那国町の民俗芸能

ウブンダ（翁）

今年も豊作じゃ
さあ、神様へ感謝の踊り
をささげよう

ミティアギ（清めの棒）

スナイ

座ならし

座ならしとは、座を開くための芸能。また、棒踊りの演目でも、この太鼓・ドラ・笛による演奏が棒踊りを熱く盛りあげる。

棒の出演者がいっせいに出てきて各々の演舞を披露する。

与那国町の棒踊

地域／与那国町

ティンバイ

ンビチ棒

ダング棒

イララ・六尺棒

マーヌムヌ棒

三人棒

四人棒

みるく（弥勒）

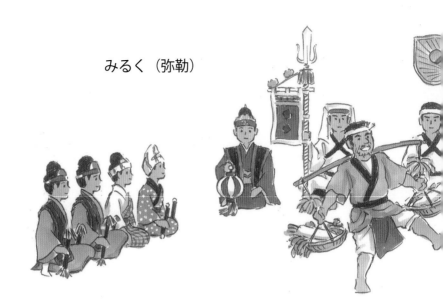

ちでぃん口説

ミルクは五穀豊穣と集落の繁栄を約束する神
として、沖縄各地の豊年祭などに登場する。

与那国口説

亀久畑

地域／与那国町

スル踊

スルとは精霊のことで、死んだ人を供養する踊りである。太鼓ばやしで始まり、円陣舞踊へとつづく。

250

ミティ唄（豊作の喜びを表現）

旅果報節（航海安全を願う踊り）

木遣り（集団での運搬作業にちなむ踊り）

地域／与那国町

若船ディラバ・んにしり節

地域／与那国町

若船ディラバ・んにしり節

どぅなん猫小<ruby>マヤーグヮー</ruby>

「若船ディラバ」で歌いながら稲刈り
の仕草をし、「んにしり節」では脱穀
のようすが演じられる。

狂言：アサカッティ

痴呆の祖父を捨てようとするが、獅子にいましめられ孝行にはげむという狂言。

254

狂言：ドゥングト

男二人による釣りのようすを笑いにした狂言。

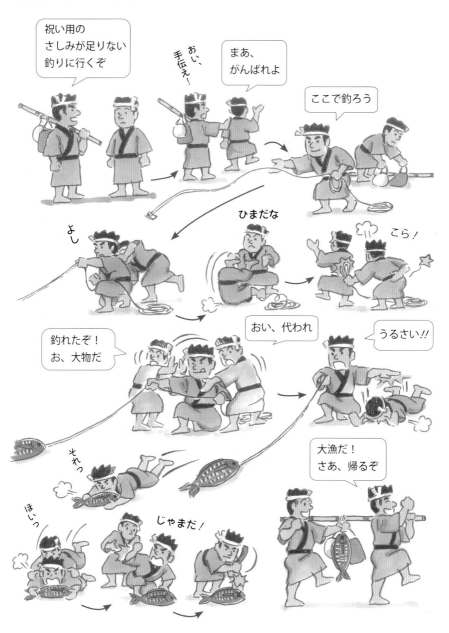

透明度が素晴らしい川平湾（石垣島）

昔ながらの風景がのこる集落（竹富島）

そそり立つ立神岩（与那国島）

巻末資料

■民俗芸能のおもな演目について

●獅子舞（ししまい）

　旧暦６月から８月にかけての豊年祭や旧盆などで演じられる。邪気をはらう芸能とされ、獅子を舞わすことによって悪霊をはらい、五穀豊穣と集落の繁栄を祈願する。獅子はまるで本物のように激しく動き、棒とたわむれたり、鞠遊びなどの独特な技で観客を魅了する。沖縄本島やその周辺離島は１頭であるが、宮古・八重山では雌雄２頭になっている。

●ミルク（弥勒）

　ミルクは布袋に似た仮面をかぶり、五穀豊穣をもたらす来訪神として信仰されている。豊年祭などで登場し、うちわを扇ぎながら歩き回る。また、豊かで平和な世のことをミルクユー（弥勒世）、あるいはミルクユガフー（弥勒世果報）と呼ぶ。

●長者の大主（ちょうじゃのうふしゅ）

　120歳の白髪の長者の大主が、子や孫たちを引き連れて祝言をのべ、五穀豊穣や集落の繁栄を祈願する。その後、子や孫たちが芸能を披露し、神をもてなすという祝儀舞踊である。

●棒踊り（ぼうおどり）

　沖縄全域に伝わる民俗芸能で、青年男子によって勇壮活発に演じられる。３尺棒や６尺棒、長刀などで打ち合う演舞は迫力満点である。

●フェーヌシマ（南之島）

　沖縄の各地に分布する民俗芸能。赤毛のカツラ、勇壮な棒踊り、曲技的な技、独特な奇声などが共通する。また、どこの地域でも踊りの歌詞が意味不明で、南方系の棒踊りと本土系の念仏踊りが混合した芸能といわれる。

●ウシデーク（臼太鼓）

　女性だけでおこなう屋外での円陣舞踊。五穀豊穣や繁栄に感謝して神アシャギの広場などで踊られる。音取り（チヂン）の太鼓に合わせて舞う踊りは、しなやかな手の動きで観客を魅了する。沖縄本島とその周辺離島に分布する。

●エイサー

　盆踊りの一種で、旧暦７月15日前後の旧盆の夜におこなわれる。若い男女による野外での集団舞踊で、地方、三線、太鼓、かけ声などでにぎやかに集落を練り歩くが、地域により歌詞や踊りに違いがある。

●チョンダラー（京太郎）

　現在のエイサーでは、滑稽な容姿や踊りで観客を楽しませながら隊列の整理をす

る道化役のこと。かつては門付芸人として、祝福芸、念仏踊り、人形芝居などを演じて各地を歩き回っていた集団をチョンダラーと呼んでいた。

● 松竹梅（しょうちくばい）
　玉城盛重が振りつけた舞踊。最初は松・竹・梅の踊り手のみであったが、後に玉城盛義が鶴・亀を加えて、現在の祝儀舞踊に仕上げたといわれている。踊り手5人がそれぞれのかたどりを頭にかぶって華やかに踊る。

● 醜童（しゅんどう）
　美女2人の優雅な踊りと仮面をかぶった醜女2人のこっけいな踊り。仮面をつけて踊る唯一の琉球古典舞踊で、美女と醜女のからみが観客を引きつける。

● 組踊（くみおどり）
　組踊とは、唱え、音楽、所作、踊りによって構成される歌舞劇。琉球王国時代、中国皇帝の使者である冊封使をもてなすために玉城朝薫によって創作された。宮廷芸能として発達した組踊は、やがて農村や離島にまで広がり、各地の村芝居でも上演されるようになった。

● クイチャー
　クイチャーは、宮古諸島各地に伝わる集団舞踊。野外で歌い踊りながら、輪になって手足を振り、歌を掛け合いながら勇壮に踊る。豊年祭や雨乞い、娯楽として踊られ、人々の暮らしや信仰に深く結びついている。各集落によって異なる踊りが伝承され、男だけ、女だけ、男女混成によるクイチャーもある。

● 巻踊（まきおどり）
　八重山の集団舞踊で、収穫祭、種子取祭、節祭などの芸能として御嶽や集落の広場で踊られる。全員が円陣をつくり、ハヤシを入れて激しく踊るものと、静かに踊るものとに分けられる。

● チョーギン（狂言）
　所作とせりふによって表現される演劇。民俗芸能の宝庫八重山ではキョンギンとよばれ、五穀豊穣や子孫繁栄などを予祝・祈願する狂言と、笑いを目的としたものに大別される。その種類、内容も多彩であり、主として口づてに伝承されてきた。

● 幕開けの歌舞
　沖縄本島地方では、正月や婚礼などの祝儀の席で幕開けの曲として「かぎやで風節」が歌われる。宮古地方では「トーガニアヤグ」が歌われ、八重山地方では「赤馬節」「鷲の鳥節」の二つが歌われている。これら幕開けの曲は、それぞれ舞踊をともない、いずれもめでたい歌舞となっている。

■各地域の民俗芸能のようす

首里末吉町の獅子舞（那覇市）

千原エイサー（嘉手納町）

備瀬の豊年祭／松竹梅鶴亀（本部町）

多良間島仲筋の八月踊り／組踊「忠臣仲宗根豊見親組」（多良間村）

西表島祖納の節祭／ミリク行列（竹富町）

沖縄全域に見られる棒踊り（今帰仁村）

■主な資料と参考文献

国立劇場おきなわレファンスルームの公演記録映像

『国立劇場おきなわ』（財団法人国立劇場おきなわ運営財団）
平成16年2月号・平成16年9月号・平成16年11月号・平成17年9月号・平成18年2月号・平成18年9月号

『華風』（公益財団法人国立劇場おきなわ運営財団）
2007年2月号・2007年3月号・2007年9月号・2008年1月号・2008年2月号・2008年5月号・
2009年1月号・2009年6月号・2009年8月号・2010年8月号・2010年10月号・2011年1月号・
2011年8月号・2011年12月号・2012年10月号・2014年2月号・2014年11月号・2017年1月号・
2017年9月号・2018年3月号・2019年3月号・2019年1月号

『琉球芸能事典』（那覇出版社編　監修／当間一郎）	那覇出版社
『沖縄文化財百科　第3巻　芸能・民俗』（那覇出版社編）	那覇出版社
『おきなわの祭り』（沖縄タイムス社編）	沖縄タイムス社
『⑥カラー　沖縄のまつり』（月刊沖縄社編）	月刊沖縄社
『みんなの文化財図鑑 無形文化財・民俗文化財編』（沖縄県教育庁文化課編）	沖縄県教育委員会
『操り獅子調査報告書』（沖縄県教育庁文化課編）	沖縄県教育委員会
『村と家の守り神　再考 沖縄の魔除け獅子』（長嶺操）	沖縄村落史研究所
『検証　沖縄の棒踊り』（勝連盛豊）	沖縄文化社
『沖縄の祭　VOL 3　平井順光写真集』（平井順光）	コミックおきなわ社
『北谷町の綱引き』（北谷町教育委員会社会文化課編）	北谷町教育委員会文化課
『北谷町の自然・歴史・文化』（北谷町教育委員会編）	北谷町教育委員会
『嘉手納町の文化財』（嘉手納町教育委員会編）	嘉手納町教育委員会
『沖縄大百科事典』（沖縄大百科事典刊行事務局）	沖縄タイムス社
『NHK沖縄市民大学　沖縄の歴史と文化』（外間守善）	日本放送出版協会
『江戸時代　人づくり風土記47　ふるさとの人と知恵　沖縄』（加藤秀俊 ほか編纂）	農山漁村文化協会

著者／漢那瑠美子（かんな・るみこ）
沖縄県南大東村出身。イラストレーター・漫画家。主に広告のイラスト
を手がける。著書に『沖縄学習まんが 組踊がわかる本』『沖縄学習まん
が 組踊がわかる本Ⅱ』（監修／大城立裕）がある。

写真／徳元葉子（沖縄文化社）

絵でみる 沖縄の民俗芸能

2023年4月28日　初版 第1刷発行

著　者…漢那瑠美子
発行者…徳元　英隆

発行所…有限会社 沖縄文化社
〒902-0062　沖縄県那覇市松川2－7－29
☎098（855）6087
Ⓕ098（854）1396
振替02070－1－24874

印刷…株式会社 東洋企画印刷